"Pédagogies actives et Zoothérapie : Comment bien faire"

Système PZC®

Copyright © 2023

Tous droits réservés.

ISBN : 9798861334600

PRÉFACE

L'éducation des jeunes enfants est un voyage extraordinaire qui forme les fondations de leur avenir. Ce voyage est marqué par la curiosité infinie, l'innocence, et la capacité à apprendre et à grandir à un rythme impressionnant. Pour guider ces tout-petits dans leur découverte du monde, des pédagogies révolutionnaires ont vu le jour, mettant l'accent sur l'autonomie, la créativité, et l'exploration. En parallèle, la médiation animale a révélé le potentiel extraordinaire des animaux pour enrichir la vie des enfants, en leur offrant un lien unique avec le règne animal.

Ce livre, "Enfants et Animaux : Une Éducation Complète," est un voyage à travers ces approches éducatives novatrices. Il explore comment la pédagogie de la petite enfance et les pédagogies actives créent un environnement d'apprentissage stimulant pour les jeunes enfants, tout en intégrant la médiation animale pour enrichir leur expérience. Vous découvrirez les bénéfices profonds de la cohabitation permanente des enfants avec des animaux et les avancées passionnantes en neurosciences qui soutiennent ces approches.

Ce livre est un hommage à tous les éducateurs, enseignants, parents, et professionnels de la médiation animale qui consacrent leur vie à nourrir la curiosité des tout-petits et à favoriser leur développement global. Il vous invite à plonger dans l'univers magique de l'apprentissage précoce, où la passion pour la découverte et l'amour des animaux se rejoignent pour ouvrir de nouvelles perspectives pour les générations futures.

Que ce livre soit une source d'inspiration pour tous ceux qui cherchent à éveiller les enfants au monde, en leur offrant une éducation complète et enrichissante. Bienvenue dans ce voyage où la curiosité devient une force motrice, où l'exploration est encouragée, et où les animaux deviennent des compagnons de voyage inestimables.

Préparez-vous à être émerveillé par le pouvoir de l'éducation pluriactive en petite enfance et la magie de la médiation animale.

INTRODUCTION

L'éducation des jeunes enfants est un domaine d'une importance cruciale, car elle pose les fondations de leur développement cognitif, émotionnel et social. Dans cette quête pour offrir aux tout-petits les meilleures opportunités d'apprentissage et d'épanouissement, différentes approches pédagogiques ont émergé au fil du temps. Deux de ces approches, la pédagogie de la petite enfance et les pédagogies actives, mettent l'accent sur l'apprentissage par l'expérience, l'autonomie et la créativité. Parallèlement, la zoothérapie et la médiation animale ont gagné en reconnaissance pour les bénéfices qu'elles apportent au développement des enfants.

Cette introduction vous emmènera dans un voyage à travers ces approches éducatives innovantes et complémentaires. Nous explorerons comment la pédagogie de la petite enfance et les pédagogies actives créent un environnement d'apprentissage stimulant pour les jeunes enfants, tout en intégrant la médiation animale pour enrichir leur expérience. Nous découvrirons les bénéfices profonds de la cohabitation permanente des enfants avec des animaux, ainsi que les avancées passionnantes en neurosciences qui soutiennent ces approches. Ensemble, ces approches éducatives forment un ensemble cohérent qui vise à favoriser le développement optimal des tout-petits, en cultivant leur curiosité, leur confiance en eux-mêmes et leur compréhension du monde qui les entoure. Bienvenue dans ce voyage à la croisée de l'éducation et du bien-être des jeunes enfants, où la passion pour l'apprentissage et l'amour des animaux se rejoignent pour ouvrir de nouvelles perspectives pour les générations futures.

CHAPITRE I LA PÉDAGOGIE EN PETITE ENFANCE

La pédagogie est un domaine d'étude et de pratique éducative qui vise à comprendre et à améliorer les méthodes d'enseignement et d'apprentissage. Elle englobe l'ensemble des processus, des techniques et des stratégies utilisées pour faciliter la transmission de connaissances, de compétences et de valeurs d'un individu à un autre. La pédagogie repose sur des principes et des théories qui guident l'interaction entre les enseignants, les apprenants et le contenu à enseigner.

La pédagogie de la petite enfance, également connue sous le nom de pédagogie préscolaire ou éducation préscolaire, se concentre spécifiquement sur l'éducation et le développement des jeunes enfants, généralement de la naissance jusqu'à l'âge de six ans. Cette période critique dans la vie d'un enfant est caractérisée par un développement rapide sur les plans cognitif, émotionnel, social et physique.

<u>Voici une description de la pédagogie en petite enfance :</u>

Objectifs et principes :

La pédagogie de la petite enfance vise à favoriser le développement global des enfants. Cela comprend leur développement cognitif (pensée, langage, compétences académiques), social (interactions avec les pairs, compétences sociales), émotionnel (compréhension des émotions, régulation émotionnelle) et physique (développement moteur).

Environnement d'apprentissage :

Les éducateurs de la petite enfance mettent en place des environnements d'apprentissage stimulants et adaptés à l'âge des enfants. Ces environnements peuvent inclure des aires de jeu, des activités créatives, des livres, des jouets et des espaces pour l'exploration.

Approche centrée sur l'enfant :

La pédagogie de la petite enfance reconnaît que chaque enfant est unique et se développe à son propre rythme. Les éducateurs prennent en compte les intérêts, les besoins et les compétences individuels de chaque enfant pour adapter leur enseignement.

Jeu comme outil d'apprentissage :

Le jeu est considéré comme un moyen essentiel d'apprentissage pour les jeunes enfants. Il favorise le développement de compétences cognitives, sociales et motrices tout en étant une activité plaisante.

Collaboration avec les familles :

Les éducateurs travaillent en partenariat avec les parents et les familles pour soutenir le développement de l'enfant. Une communication ouverte et des échanges réguliers sont encouragés pour assurer une cohérence entre le foyer et l'école.

Observation et évaluation :

Les éducateurs observent attentivement les enfants pour évaluer leur progrès et adapter leurs approches pédagogiques en conséquence. Cette évaluation est souvent basée sur des repères de développement spécifiques à chaque groupe d'âge.

Importance de la relation éducateur-enfant :

Les relations positives entre les éducateurs et les enfants sont au cœur de la pédagogie de la petite enfance. Une relation de confiance et d'attachement permet aux enfants de se sentir en sécurité et de s'engager pleinement dans leur apprentissage.

En résumé, la pédagogie en petite enfance est une approche éducative centrée sur le développement global des jeunes enfants, en mettant l'accent sur des environnements d'apprentissage adaptés à leur âge, le jeu comme moyen d'apprentissage, la collaboration avec les familles et une observation attentive pour favoriser leur épanouissement. Elle joue un rôle crucial dans la préparation des enfants à leur parcours éducatif futur en leur offrant des bases solides pour leur développement ultérieur.

La pédagogie de la petite enfance, qui se concentre sur l'éducation et le développement des jeunes enfants de la naissance à environ six ans, a également une histoire riche et évolutive.

<u>Voici une présentation de son évolution à travers l'histoire :</u>

19e siècle :

Au 19e siècle, l'éducation des jeunes enfants était souvent informelle et axée sur la préparation à la vie adulte. Les enfants étaient souvent considérés comme de petites versions d'adultes et leur éducation visait principalement à les préparer à des rôles familiaux et sociaux.

Début du 20e siècle :

Au début du 20e siècle, des pédagogues progressistes, tels que Maria Montessori et Friedrich Froebel, ont introduit des approches novatrices pour l'éducation des jeunes enfants. Montessori a développé une méthode qui mettait l'accent sur l'autonomie et l'auto-apprentissage des enfants, tandis que Froebel a créé le concept des jardins d'enfants, où le jeu et la créativité étaient valorisés.

Mouvement des jardins d'enfants :

Au cours du 20e siècle, le mouvement des jardins d'enfants s'est étendu dans le monde entier, promouvant l'idée que les jeunes enfants apprennent mieux à travers le jeu et l'exploration. Des pédagogues comme Susan Blow ont joué un rôle clé dans l'introduction de ces approches en Amérique.

Années 1960 et 1970 :

Pendant les années 1960 et 1970, il y a eu un mouvement vers une éducation plus axée sur l'enfant. Les théories du développement de l'enfant, telles que celles de Jean Piaget et Lev Vygotsky, ont influencé la pédagogie de la petite enfance en mettant l'accent sur la compréhension des besoins et des stades de développement des enfants.

Fin du 20e siècle :

Au fil du temps, la recherche en éducation de la petite enfance a renforcé l'importance de l'apprentissage précoce et de la stimulation dans le développement des enfants. Les programmes préscolaires et les écoles maternelles se sont développés pour répondre à ces besoins.

21e siècle :

Au 21e siècle, la pédagogie de la petite enfance continue de se développer et de s'adapter aux besoins changeants des enfants et des familles. Les approches basées sur le jeu, la recherche sur le cerveau en développement et l'intégration de la technologie éducative ont influencé la manière dont les enfants sont éduqués dans leur petite enfance.

Aujourd'hui, la pédagogie de la petite enfance repose sur des bases solides de recherche en développement de l'enfant et met l'accent sur des environnements d'apprentissage adaptés à l'âge, l'individualisation de l'enseignement, le jeu comme outil d'apprentissage, la collaboration avec les familles et la préparation des enfants à réussir dans leur éducation ultérieure. Elle continue de jouer un rôle crucial dans la préparation des jeunes enfants à leur avenir éducatif et au-delà.

CHAPITRE II LES PÉDAGOGIES ACTIVES EN PE

Les pédagogies actives sont un ensemble d'approches éducatives qui mettent l'accent sur l'implication active des apprenants dans leur propre processus d'apprentissage. Contrairement aux méthodes d'enseignement plus traditionnelles, où l'enseignant occupe souvent une place centrale, les pédagogies actives considèrent les apprenants comme des participants actifs, encourageant leur réflexion, leur engagement, leur résolution de problèmes et leur créativité. Ces approches visent à rendre l'apprentissage plus interactif, significatif et pertinent pour les apprenants.

Voici une présentation des différentes pédagogies actives adaptées à la petite enfance :

Pédagogie Montessori :

Développée par Maria Montessori, cette approche met l'accent sur l'auto-direction des enfants. Les enfants travaillent avec des matériaux spécialement conçus pour favoriser l'exploration, la découverte et l'apprentissage autonome.

Pédagogie Reggio Emilia :

Originaire d'Italie, cette approche encourage l'expression créative et artistique des enfants. Elle met l'accent sur l'observation des intérêts des enfants, la documentation de leur travail et la collaboration entre enseignants, parents et enfants.

Pédagogie Steiner/Waldorf :

Proposée par Rudolf Steiner, cette approche met l'accent sur le jeu libre et l'expression créative. Elle intègre également des aspects artistiques, tels que la musique, la danse et l'art, dans l'apprentissage quotidien. ATTENTION : cette pédagogie à parfois été détournée en développant un aspect doctrinaire voir sectaire.

Pédagogie Snoezelen :

Originaire des Pays-Bas, cette approche vise à créer un environnement multisensoriel apaisant pour les enfants, en utilisant des stimuli tels que la lumière, la musique douce, les textures et les parfums. Elle favorise la détente, la stimulation sensorielle et la régulation émotionnelle.

Pédagogie Pickler (Loczy) :

Inspirée par Emmi Pikler et développée à l'Institut Lóczy en Hongrie, cette approche met l'accent sur le respect de l'enfant en tant qu'individu autonome. Elle encourage l'autonomie physique, le jeu autodirigé et la relation de confiance entre les soignants et les enfants.

Pédagogie Freinet :

Élaborée par Célestin Freinet, cette approche repose sur l'expression libre des enfants à travers l'impressionnisme, l'écriture, la coopération entre pairs et la démocratie en classe. Elle vise à rendre l'apprentissage plus démocratique et centré sur les besoins des enfants.

Pédagogie de la découverte :

Les enfants sont encouragés à explorer leur environnement à travers des activités d'exploration et de manipulation. Les enseignants posent des questions ouvertes pour stimuler la réflexion.

Pédagogie de la coopération :

Cette approche met l'accent sur le développement des compétences sociales et émotionnelles des enfants, en les encourageant à travailler ensemble, à résoudre des conflits et à prendre des décisions collectives.

Pédagogie par le jeu libre :

Les enfants sont libres de choisir leurs activités de jeu, ce qui encourage l'autonomie, la créativité et l'apprentissage par l'expérience.

Pédagogie par la narration et le conte :

Les enseignants utilisent des histoires et des contes pour captiver l'imagination des enfants, stimuler leur langage et les engager dans des réflexions sur des thèmes importants.

Ces différentes approches pédagogiques adaptées à la petite enfance visent à créer un environnement d'apprentissage riche, stimulant et adapté à l'âge des enfants, favorisant leur développement cognitif, social, émotionnel et physique. Chaque méthode a ses propres principes et valeurs éducatives, et le choix dépend souvent des besoins spécifiques de la communauté éducative et des enfants.

L'utilisation de pédagogies actives en petite enfance est une approche relativement récente, mais elle a évolué pour répondre aux besoins de développement des jeunes enfants.

<u>Voici un aperçu de l'évolution des pédagogies actives en petite enfance à travers l'histoire :</u>

Début du 20e siècle :

Au début du 20e siècle, des pédagogues comme Maria Montessori et Friedrich Froebel ont introduit des concepts d'auto-apprentissage et de jeu actif pour les jeunes enfants. Montessori, par exemple, a développé une méthode d'enseignement basée sur l'observation de l'enfant et l'utilisation de matériaux éducatifs spécifiques.

Mouvement des jardins d'enfants :

Le mouvement des jardins d'enfants, initié par Friedrich Froebel au 19e siècle, s'est poursuivi au

20e siècle. Il mettait l'accent sur l'apprentissage par le jeu, l'exploration et la créativité, ce qui est une caractéristique clé des pédagogies actives.

Années 1960 et 1970 :

Dans les années 1960 et 1970, le mouvement de l'éducation progressive a gagné en popularité. Les théories de développement de l'enfant de Jean Piaget et Lev Vygotsky ont influencé la pédagogie de la petite enfance en mettant l'accent sur la compréhension des besoins individuels des enfants et de leur zone de développement proximal.

Réforme de l'éducation :

Les réformes de l'éducation des années 1980 et 1990 ont encouragé une approche plus centrée sur l'enfant dans l'éducation de la petite enfance. Les éducateurs ont été encouragés à individualiser l'apprentissage, à observer les enfants pour mieux répondre à leurs besoins et à encourager l'exploration et la résolution de problèmes.

21e siècle :

Au 21e siècle, les pédagogies actives en petite enfance continuent de se développer en intégrant des principes de développement de l'enfant, d'apprentissage par le jeu, et en tenant compte des avancées technologiques. De nouvelles approches éducatives axées sur la créativité, la collaboration et l'exploration sont de plus en plus mises en œuvre dans les écoles maternelles et les programmes préscolaires.

Recherche sur le cerveau en développement :

Les avancées dans la recherche sur le cerveau en développement ont renforcé l'importance des approches actives pour stimuler les connexions neuronales chez les jeunes enfants. Les environnements d'apprentissage qui encouragent l'exploration sensorielle, la résolution de problèmes et l'interaction sociale sont devenus cruciaux.

Aujourd'hui, les pédagogies actives en petite enfance s'appuient sur une compréhension approfondie du développement de l'enfant pour créer des environnements d'apprentissage stimulants et adaptés à l'âge. Elles encouragent l'autonomie, la créativité, la coopération et la réflexion critique dès le plus jeune âge, préparant ainsi les enfants à devenir des apprenants actifs et engagés dans leur parcours éducatif.

CHAPITRE BONUS
BIENTRAITANCE : PÉDAGOGIE BIENVEILLANTE

La pédagogie bienveillante en petite enfance, souvent appelée pédagogie bientraitante, est une approche éducative qui met l'accent sur le respect, la compréhension et la bienveillance envers les jeunes enfants. Elle vise à créer un environnement d'apprentissage où les tout-petits se sentent en sécurité, respectés dans leurs besoins et émotionnellement soutenus tout au long de leur développement.

Voici une définition et une description complète de cette approche :

Définition :

La pédagogie bienveillante en petite enfance est une approche éducative qui repose sur le respect absolu de l'enfant en tant qu'individu à part entière. Elle encourage les éducateurs, les parents et les professionnels de la petite enfance à reconnaître les besoins, les émotions et les compétences des jeunes enfants et à les soutenir de manière respectueuse et aimante. Cette approche favorise une relation de confiance entre l'adulte et l'enfant, permettant ainsi un développement sain et harmonieux.

Description :

Respect de l'enfant en tant qu'individu : La pédagogie bienveillante reconnaît que chaque enfant est unique, avec ses propres besoins, préférences et rythmes de développement. Les éducateurs et les parents adoptent une approche individualisée qui tient compte de la personnalité et des compétences de chaque enfant.

Communication empathique :

La communication dans cette approche se caractérise par l'écoute active et l'empathie. Les adultes cherchent à comprendre les émotions et les besoins des enfants, et ils répondent de manière appropriée. Cela aide les tout-petits à développer leur capacité à exprimer leurs sentiments et à développer leurs compétences en communication.

Apprentissage par l'expérience :

La pédagogie bienveillante favorise l'apprentissage par l'expérience, où les enfants sont encouragés à explorer, à expérimenter et à découvrir par eux-mêmes. Les adultes créent un environnement riche en opportunités d'apprentissage et en matériaux stimulants.

Autorégulation et gestion des émotions :

Les enfants sont encouragés à apprendre à gérer leurs émotions de manière appropriée. Les adultes les aident à développer des compétences d'autorégulation, en leur montrant des stratégies positives pour exprimer leurs émotions.

Limites respectueuses :

Bien que la pédagogie bienveillante encourage la liberté d'exploration, elle met également en place des limites claires et cohérentes. Cependant, ces limites sont établies de manière respectueuse, en expliquant les raisons derrière les règles et en encourageant la compréhension plutôt que la punition.

Soutien à l'estime de soi :

Cette approche vise à renforcer l'estime de soi des enfants en les encourageant à développer leur confiance en eux-mêmes et en valorisant leurs réalisations, grandes ou petites. Le respect et l'encouragement des adultes jouent un rôle essentiel dans la construction de l'estime de soi des tout-petits.

Collaboration entre adultes et enfants :

Les adultes travaillent en collaboration avec les enfants plutôt que de dicter de manière autoritaire. Ils impliquent les enfants dans la prise de décisions appropriées à leur niveau de développement et les encouragent à résoudre les problèmes de manière autonome.

La pédagogie bienveillante en petite enfance vise à créer un environnement d'apprentissage et de croissance où les tout-petits se sentent aimés, respectés et soutenus dans leur développement. Elle repose sur le principe fondamental que des relations positives et respectueuses sont essentielles pour favoriser le bien-être et le développement harmonieux des jeunes enfants.

CHAPITRE BONUS BIS LA COMMUNICATION NON-VIOLENTE

La Communication Non Violente (CNV) est une approche de communication et de résolution de conflits développée par Marshall B. Rosenberg dans les années 1960. La CNV vise à établir des connexions empathiques et à favoriser la résolution de conflits de manière respectueuse. Elle repose sur des principes et des techniques visant à promouvoir la compréhension mutuelle, l'empathie et la coopération.

<u>Voici une définition et une description complète de la CNV :</u>

Définition :

La Communication Non Violente (CNV) est une méthode de communication et de résolution de conflits qui encourage la création de relations interpersonnelles harmonieuses en mettant l'accent sur l'empathie, la compassion et la compréhension mutuelle. Elle se base sur des principes fondamentaux visant à favoriser une communication respectueuse, à identifier et à exprimer clairement les besoins, et à développer des stratégies pour résoudre les désaccords de manière constructive.

Description :

Observation neutre : La CNV commence par une observation neutre et détaillée de ce qui se passe, sans jugement ni interprétation. Cela permet d'éviter les critiques et les accusations, favorisant ainsi une communication ouverte.

Expression des sentiments :

Les individus sont encouragés à exprimer leurs sentiments de manière honnête et authentique. La CNV met l'accent sur l'expression de sentiments réels plutôt que sur la suppression ou la dissimulation de ces émotions.

Identification des besoins :

Au cœur de la CNV se trouve l'identification des besoins non satisfaits. Les participants apprennent à reconnaître et à articuler leurs besoins fondamentaux, ce qui contribue à une meilleure compréhension de soi-même et des autres.

Demande claire et respectueuse :

Pour résoudre les conflits ou satisfaire les besoins, la CNV encourage à formuler des demandes claires, spécifiques et respectueuses. Il s'agit de demander ce que l'on souhaite de manière positive, sans imposer ou exiger.

Écoute empathique :

L'empathie joue un rôle central dans la CNV. Les participants apprennent à écouter attentivement les autres, à reconnaître leurs sentiments et besoins, et à exprimer de l'empathie envers leurs expériences.

Résolution collaborative des conflits :

La CNV favorise la résolution de conflits de manière collaborative. Au lieu de chercher des coupables, les participants travaillent ensemble pour trouver des solutions qui répondent aux besoins de chacun.

Auto-empathie :

La CNV encourage également l'auto-empathie, c'est-à-dire la capacité à se comprendre et à se soutenir soi-même. Il s'agit de reconnaître ses propres sentiments et besoins pour mieux gérer ses réactions émotionnelles.

Pratique continue :

La CNV est une compétence qui s'améliore avec la pratique continue. Elle peut être appliquée dans divers contextes, des relations personnelles aux situations professionnelles, pour promouvoir la compréhension mutuelle, la résolution pacifique des conflits et la création de liens plus forts.

La Communication Non Violente est une approche puissante qui favorise la compréhension, la compassion et la résolution de conflits de manière respectueuse. Elle trouve des applications dans de nombreux domaines, notamment la médiation, la psychothérapie, l'éducation, le leadership et les relations interpersonnelles, en offrant un cadre efficace pour améliorer la communication et les relations humaines.

CHAPITRE III DÉFINITION DE LA ZOOTHÉRAPIE ET DE LA MÉDIATION ANIMALE :

Définition de la Zoothérapie et de la Médiation Animale :

La zoothérapie, également connue sous le nom de médiation animale, est une forme de thérapie ou d'intervention qui implique l'utilisation d'animaux pour améliorer le bien-être émotionnel, mental, physique et social des individus. Elle repose sur l'idée que l'interaction positive avec des animaux peut avoir des effets bénéfiques sur la santé et le bien-être humains. Les professionnels de la zoothérapie utilisent généralement des animaux domestiques tels que des chiens, des chats, des chevaux, des dauphins ou d'autres animaux spécialement formés pour interagir avec les personnes dans un cadre thérapeutique.

Présentation de la Zoothérapie et de la Médiation Animale :

La zoothérapie et la médiation animale se déclinent en différentes modalités et sont utilisées dans divers contextes, y compris la santé mentale, la réadaptation physique, l'éducation spéciale, les maisons de retraite et même dans les prisons.

<u>Voici quelques exemples de bénéfices associés à ces approches :</u>

Bien-être émotionnel :

L'interaction avec des animaux peut réduire le stress, l'anxiété et la dépression. Les animaux offrent un soutien émotionnel et peuvent améliorer l'humeur des individus.

Développement social :

La médiation animale favorise les interactions sociales, en particulier chez les personnes atteintes de troubles du spectre autistique (TSA) ou de troubles du développement. Elle encourage la communication et la création de liens affectifs.

Amélioration de la motricité :

Les activités telles que l'équithérapie, qui impliquent des chevaux, peuvent améliorer la coordination motrice et la force physique chez les personnes atteintes de handicaps physiques.

Apprentissage et éducation :

La présence d'animaux dans les écoles ou les bibliothèques peut stimuler l'intérêt des enfants pour l'apprentissage. Les animaux peuvent être utilisés pour enseigner des concepts tels que la responsabilité, l'empathie et la biologie.

Réduction de la douleur :

La zoothérapie est parfois utilisée en complément des traitements médicaux pour aider à réduire la perception de la douleur chez les patients hospitalisés.

Amélioration de la confiance en soi :

Les interactions positives avec des animaux peuvent renforcer la confiance en soi et l'estime de soi, en particulier chez les individus ayant des antécédents de traumatisme ou de négligence.

Réduction de l'isolement social :

Les visites d'animaux dans les maisons de retraite ou les établissements de soins de longue durée offrent aux résidents l'occasion de se connecter avec des êtres vivants et de rompre l'isolement.

Il convient de noter que la zoothérapie et la médiation animale nécessitent une planification et une supervision appropriées, ainsi que des professionnels qualifiés qui connaissent les besoins et les comportements des animaux. Ces approches peuvent être particulièrement efficaces en complément des traitements traditionnels, mais elles ne sont pas nécessairement appropriées pour toutes les personnes ou tous les contextes.

La zoothérapie et la médiation animale sont des approches polyvalentes qui interviennent dans divers domaines pour améliorer le bien-être des individus.

<u>Voici quelques-uns des domaines dans lesquels la zoothérapie est couramment utilisée :</u>

Santé mentale :

Les thérapies assistées par des animaux sont utilisées pour traiter des troubles tels que l'anxiété, la dépression, le trouble de stress post-traumatique (TSPT) et les troubles du comportement alimentaire.

Santé physique :

En réadaptation physique, la zoothérapie peut aider les patients à retrouver leur motricité après des accidents ou des maladies graves. Les visites d'animaux peuvent également contribuer à la récupération des patients hospitalisés.

Éducation spéciale :

Les écoles et les programmes d'éducation spéciale intègrent souvent des animaux pour aider les enfants atteints de besoins éducatifs particuliers à développer des compétences sociales, émotionnelles et cognitives.

Troubles du spectre autistique (TSA) :

La zoothérapie est utilisée pour aider les enfants atteints de TSA à développer des compétences en communication, à réduire l'anxiété sociale et à favoriser l'interaction sociale.

Maisons de retraite et soins de longue durée :

Les résidents des maisons de retraite bénéficient souvent de la visite régulière d'animaux, ce qui peut réduire l'isolement social, améliorer l'humeur et apporter du réconfort.

Milieux hospitaliers :

La zoothérapie est utilisée pour réduire le stress et l'anxiété chez les patients hospitalisés. Les enfants hospitalisés en particulier peuvent tirer profit des visites d'animaux.

Réadaptation des dépendances :

Les programmes de traitement des dépendances intègrent parfois la zoothérapie pour aider les patients à se remettre de la toxicomanie ou de l'alcoolisme en fournissant un soutien émotionnel.

Établissements correctionnels :

Dans les prisons et les centres de détention pour mineurs, la médiation animale peut être utilisée pour améliorer le comportement, réduire le stress des détenus et encourager la réhabilitation.

Éducation des enfants :

Les écoles élémentaires et les garderies peuvent utiliser la médiation animale pour enseigner des compétences sociales, émotionnelles et de responsabilité aux enfants.

Assistance aux personnes handicapées :

Les personnes atteintes de handicaps physiques ou cognitifs peuvent bénéficier de l'interaction avec des animaux pour améliorer leur qualité de vie et leur indépendance.

Ces domaines d'application montrent la diversité des avantages de la zoothérapie et de la médiation animale pour différentes populations et situations. Cependant, il est important que ces interventions soient planifiées et supervisées par des professionnels qualifiés pour garantir leur efficacité et leur sécurité.
La zoothérapie et la médiation animale ont une histoire fascinante qui remonte à plusieurs millénaires.

<u>Voici une présentation de l'évolution de ces approches à travers l'histoire :</u>

Antiquité et premières civilisations :

Les premiers enregistrements de l'utilisation d'animaux à des fins thérapeutiques remontent à l'Antiquité. Les Égyptiens, par exemple, avaient des croyances en la guérison par les animaux, et les chats étaient particulièrement vénérés pour leurs propriétés curatives.

Grèce antique et Rome :

Les philosophes grecs, tels qu'Aristote, ont souligné les avantages de l'interaction humain-animal pour la santé mentale. Les Romains ont également utilisé des animaux, notamment des dauphins, pour des thérapies de bain.

Moyen Âge et Renaissance :

Au Moyen Âge, les animaux étaient souvent utilisés dans les hôpitaux pour divertir les patients et stimuler leur moral. La Renaissance a vu un regain d'intérêt pour les animaux dans le domaine de la médecine, en particulier pour les soins aux patients atteints de troubles mentaux.

19e siècle :

L'intérêt pour la zoothérapie a continué de croître au 19e siècle. Florence Nightingale, pionnière des soins infirmiers modernes, a noté les effets positifs des animaux sur le moral des patients.

20e siècle :

Au cours du 20e siècle, la zoothérapie s'est développée en tant que domaine de recherche et de pratique. Le psychiatre américain Boris Levinson est souvent crédité d'avoir lancé le mouvement moderne de la zoothérapie lorsqu'il a découvert que ses séances de thérapie étaient plus efficaces en présence de son chien. Il a publié un article sur ce sujet en 1962, jetant ainsi les bases de la zoothérapie moderne.

Dans les années 1960 et 1970, la zoothérapie a commencé à être utilisée dans des contextes de soins de santé mentale et de réadaptation physique, notamment pour traiter des troubles tels que l'autisme et la paralysie cérébrale.

21e siècle :

La zoothérapie et la médiation animale ont continué à gagner en popularité au 21e siècle. Des organisations à but non lucratif et des écoles de formation ont émergé pour former des thérapeutes et des intervenants animaliers professionnels.

La recherche scientifique s'est intensifiée, permettant de mieux comprendre les mécanismes derrière les bienfaits de l'interaction humain-animal. Des études ont montré des avantages dans divers domaines, de la réduction du stress à l'amélioration de la motricité et de la communication.

Aujourd'hui, la zoothérapie et la médiation animale sont largement utilisées dans une variété de contextes, de la santé mentale aux soins de longue durée en passant par l'éducation. Elles continuent d'évoluer avec l'apport de la recherche scientifique et demeurent une source précieuse de bien-être pour de nombreuses personnes à travers le monde.

CHAPITRE IV L'IMPLICATION DES NEUROSCIENCES

Voici une présentation des dernières avancées et résultats dans le domaine des neurosciences qui nous ont permis d'en apprendre davantage sur les besoins et le fonctionnement du cerveau des jeunes enfants :

Imagerie cérébrale avancée :

Les progrès dans les techniques d'imagerie cérébrale, telles que l'imagerie par résonance magnétique fonctionnelle (IRMf) et l'électroencéphalographie (EEG), ont permis aux chercheurs de mieux comprendre le développement cérébral chez les jeunes enfants. Ces technologies permettent de visualiser l'activité cérébrale en temps réel.

Développement précoce du cerveau :

Les études ont montré que les premières années de vie sont cruciales pour la formation des connexions neuronales et le développement des circuits cérébraux. Le cerveau subit une croissance rapide pendant cette période, et son architecture est influencée par des expériences précoces.

Plasticité cérébrale :

Les neurosciences ont révélé que le cerveau des jeunes enfants est hautement plastique, ce qui signifie qu'il est capable de s'adapter et de se remodeler en réponse à des expériences et à des stimulations environnementales. Cette plasticité cérébrale rend les jeunes cerveaux particulièrement réceptifs à l'apprentissage.

Sensibilité à l'environnement :

Les recherches ont montré que l'environnement dans lequel un enfant grandit a un impact significatif sur le développement de son cerveau. Des facteurs tels que l'enrichissement cognitif, l'interaction sociale, la nutrition et le stress environnemental peuvent influencer la manière dont le cerveau se développe.

Apprentissage précoce :

Les neurosciences ont confirmé l'importance de l'apprentissage précoce pour le développement cognitif des jeunes enfants. Les expériences éducatives riches et adaptées à l'âge peuvent renforcer les connexions neuronales et favoriser l'acquisition de compétences fondamentales.

Rôle du jeu :

Les études ont également souligné le rôle essentiel du jeu dans le développement cérébral des jeunes enfants. Le jeu favorise l'exploration, la résolution de problèmes, la créativité et la communication, ce qui stimule les zones du cerveau liées à ces activités.

Études sur les troubles du développement :

Les neurosciences ont contribué à une meilleure compréhension des troubles du développement cérébral chez les jeunes enfants, tels que l'autisme et le trouble du déficit de l'attention avec hyperactivité (TDAH). Ces recherches aident à élaborer des interventions précoces et à mieux soutenir ces enfants.

En somme, les avancées dans les neurosciences ont mis en lumière l'importance cruciale des premières années de vie pour le développement cérébral des jeunes enfants. Comprendre les besoins et le fonctionnement du cerveau à ce stade de la vie permet de concevoir des environnements d'apprentissage et des interventions qui favorisent un développement sain et optimal, préparant ainsi les enfants à réussir dans leur éducation et dans la vie en général.

CHAPITRE V NEUROSCIENCES EN PE ET MÉDIATION ANIMALE

Certaines avancées récentes dans le domaine des neurosciences ont permis d'en apprendre davantage sur les besoins et le fonctionnement du cerveau des jeunes enfants en ce qui concerne les bénéfices de leur cohabitation permanente avec des animaux.

Voici une présentation des résultats clés :

1. Stimulations sensorielles :

Les neurosciences ont montré que la cohabitation avec des animaux peut offrir aux jeunes enfants des stimulations sensorielles importantes. Les interactions tactiles, visuelles et auditives avec les animaux activent diverses régions du cerveau, favorisant ainsi le développement des sens.

2. Réduction du stress :

Des études ont révélé que la présence d'animaux de compagnie peut réduire le niveau de stress chez les jeunes enfants. Cela s'explique en partie par la libération d'ocytocine, une hormone liée au bien-être et à la réduction de l'anxiété, lorsqu'ils interagissent avec des animaux.

3. Renforcement des compétences sociales :

Les neurosciences ont montré que les interactions sociales avec des animaux peuvent renforcer les compétences sociales des enfants. L'observation du comportement des animaux et les interactions affectives favorisent le développement de l'empathie, de la communication non verbale et des compétences relationnelles.

4. Apprentissage et mémoire :

Des études ont suggéré que la présence d'animaux peut stimuler l'apprentissage et la mémoire des jeunes enfants. Les activités liées aux animaux, telles que l'apprentissage des soins aux animaux de compagnie, renforcent les capacités cognitives des enfants.

5. Compréhension émotionnelle :

Les neurosciences ont montré que les interactions avec des animaux aident les jeunes enfants à développer une meilleure compréhension des émotions, à reconnaître les signaux émotionnels et à apprendre à y réagir de manière appropriée.

6. Développement du langage :

L'interaction avec des animaux peut également soutenir le développement du langage chez les jeunes enfants. Les conversations et les récits autour des animaux encouragent l'acquisition du vocabulaire et la pratique de la communication verbale.

7. Renforcement du lien familial :

Les neurosciences ont mis en évidence les avantages du partage de la responsabilité des soins aux animaux au sein de la famille. Cela renforce les liens familiaux et favorise la collaboration entre les membres de la famille.

8. Réduction des comportements agressifs :

Certaines recherches ont indiqué que la présence d'animaux peut contribuer à réduire les comportements agressifs chez les jeunes enfants en les aidant à canaliser leurs émotions et à développer des compétences d'auto-contrôle.

Ces découvertes en neurosciences soulignent l'importance de la cohabitation avec des animaux pour le développement global des jeunes enfants. Elles montrent que les interactions avec des animaux peuvent avoir un impact positif sur le cerveau, les émotions, le comportement social et les compétences cognitives des enfants, contribuant ainsi à leur bien-être et à leur épanouissement.

CHAPITRE VI LISTE NON EXAUSTIVE D'EXPERT.ES DANS LES DOMAINES CONCERNÉS

Experts en Pédagogie Active en Petite Enfance :

Experts Français et Françaises :

Françoise Dolto :

Françoise Dolto (1908-1988) était une célèbre pédiatre et psychanalyste française, reconnue pour sa contribution majeure à la compréhension de la psychologie infantile. Elle était également une figure emblématique de la psychanalyse en France et est souvent considérée comme une pionnière dans le domaine de la psychanalyse des enfants.

Françoise Dolto a élaboré une approche novatrice de la psychanalyse des enfants en mettant l'accent sur la communication et la compréhension des émotions des tout-petits. Elle a développé la notion de "parole de l'enfant" et a encouragé les parents et les professionnels de la petite enfance à écouter attentivement les enfants pour mieux comprendre leurs besoins et leurs préoccupations. Elle a également introduit le concept de "symbolisation" chez les enfants, montrant comment ils utilisent le langage et le jeu pour exprimer leurs sentiments et leurs désirs.

Son livre le plus célèbre, "L'Image inconsciente du corps," explore la manière dont les enfants perçoivent leur propre corps et comment cette perception influe sur leur développement psychologique. Françoise Dolto a également été une animatrice de radio très populaire, où elle a répondu aux questions des parents sur l'éducation des enfants, ce qui a contribué à sa notoriété et à sa diffusion des idées sur la psychologie infantile auprès du grand public.

Edwige Antier :

Edwige Antier, née en 1938, est une pédiatre et écrivaine française renommée. Elle est largement connue en France pour son engagement en faveur de l'éducation des enfants et pour sa participation à des émissions de télévision et de radio, où elle a partagé ses conseils et son expertise en matière de parentalité.
Edwige Antier a consacré sa carrière à la médecine pédiatrique et à la promotion de

l'éducation bienveillante des enfants. Elle a écrit de nombreux livres sur la parentalité, abordant des sujets tels que l'allaitement, l'alimentation infantile, la communication avec les adolescents et la résolution des conflits familiaux.

Sa philosophie éducative repose sur l'idée que chaque enfant est unique et que les parents doivent s'adapter à ses besoins spécifiques. Elle préconise une approche respectueuse de l'enfant, favorisant la communication ouverte et l'écoute empathique. Ses travaux visent à aider les parents à comprendre et à accompagner au mieux le développement de leurs enfants, en créant des relations familiales harmonieuses.

Céline Alvarez :

Ancienne enseignante et auteure, Céline Alvarez est reconnue pour son travail sur la pédagogie Montessori et son implication dans l'éducation des jeunes enfants en France. Céline Alvarez croit en l'importance de la confiance envers les capacités innées des jeunes enfants. Elle encourage une approche basée sur l'autonomie, l'exploration et la découverte dans l'éducation des tout-petits.

Isabelle Filliozat :

Psychologue, conférencière, et auteure, Isabelle Filliozat est spécialisée dans la parentalité bienveillante et l'éducation positive, y compris en ce qui concerne les jeunes enfants. Isabelle Filliozat promeut une éducation bienveillante et empathique. Elle insiste sur la compréhension des besoins émotionnels des enfants pour établir des relations familiales harmonieuses.

Sylvie d'Esclaibes :

Fondatrice de l'école Montessori Internationale de Bordeaux, Sylvie d'Esclaibes est une experte en pédagogie Montessori en France. Sylvie d'Esclaibes est une ardente défenseure de la méthode Montessori, qui met l'accent sur l'individualisation de l'apprentissage et le respect du rythme de chaque enfant.

François Beiger :

Psychopédagogue et auteur, François Beiger s'est engagé dans le domaine de l'éducation alternative, notamment en explorant les approches basées sur la coopération et la créativité chez les jeunes enfants. François Beiger favorise une pédagogie axée sur la coopération et la créativité chez les jeunes enfants. Il encourage l'exploration libre et l'expérimentation comme base de l'apprentissage.

Emmi Pikler (Hongroise) :

Emmi Pikler a développé l'approche Pikler-Lóczy, une méthode d'éducation centrée sur le respect du rythme et de l'autonomie des jeunes enfants. Emmi Pikler préconise le respect du développement naturel des enfants, en mettant l'accent sur la liberté de mouvement et l'autonomie dès le plus jeune âge.

Magda Gerber (Hongroise) :

Magda Gerber est une figure clé de l'éducation respectueuse des jeunes enfants, et elle a collaboré étroitement avec Emmi Pikler. Magda Gerber insiste sur l'importance de la relation entre les adultes et les enfants, en encourageant l'observation attentive et le respect du rythme de chaque enfant.

Bernard Aucouturier :

Psychomotricien français, Bernard Aucouturier a contribué au développement de l'approche psychomotrice dans l'éducation des jeunes enfants. Bernard Aucouturier met en avant l'importance du mouvement et de la psychomotricité dans le développement des jeunes enfants, en soulignant le lien entre le corps et l'esprit.

<u>Experts des Autres Nationalités :</u>

Maria Montessori (Italienne) :

Maria Montessori est la fondatrice de la pédagogie Montessori, une approche reconnue à l'échelle mondiale pour l'éducation des jeunes enfants. Maria Montessori croyait en la capacité intrinsèque des enfants à apprendre par eux-mêmes. Elle a développé une approche qui met l'accent sur l'indépendance et la découverte personnelle.

Friedrich Froebel (Allemand) :

Friedrich Froebel est le créateur des jardins d'enfants, une approche pédagogique qui a influencé l'éducation précoce à l'échelle mondiale. Friedrich Froebel a préconisé le jeu et l'exploration comme principaux moyens d'apprentissage pour les jeunes enfants, en encourageant la créativité.

Reggio Emilia Approach (Italienne) :

L'approche Reggio Emilia promeut l'expression artistique et la collaboration chez les jeunes enfants, en encourageant l'apprentissage par le biais de projets collectifs.

Loris Malaguzzi (Italien) :

Loris Malaguzzi a joué un rôle central dans le développement de l'approche Reggio Emilia. Loris Malaguzzi a souligné l'importance de l'environnement et des relations sociales dans l'apprentissage des jeunes enfants.

Erik Erikson (Américano-allemand) :

Psychologue du développement, Erik Erikson a contribué à la compréhension de l'identité et de la psychosocialisation des jeunes enfants. Erik Erikson a étudié l'identité et le développement psychosocial des enfants, en mettant l'accent sur la résolution des crises psychologiques à chaque stade de la vie.

Lev Vygotsky (Soviétique) :

Lev Vygotsky a apporté des contributions importantes à la compréhension de la cognition et de l'apprentissage des jeunes enfants. Lev

Vygotsky a mis en avant la zone proximale de développement, où l'apprentissage est soutenu par l'interaction sociale et la guidance d'adultes.

Jean Piaget (Suisse) :

Jean Piaget a exploré les étapes du développement cognitif des enfants, en mettant en avant l'importance de la construction active de la connaissance.

<u>Experts en Zoothérapie et Médiation Animale :</u>

<u>Experts Français et Françaises :</u>

Boris Cyrulnik :

Neuropsychiatre et éthologue français, Boris Cyrulnik a contribué à la compréhension des interactions entre les êtres humains et les animaux dans le domaine de la résilience. Boris Cyrulnik considère que les interactions avec les animaux peuvent favoriser la résilience chez les individus, en renforçant leur capacité à surmonter des traumatismes.

Mireille Oster :

Pédiatre et chercheuse, Mireille Oster s'est spécialisée dans les effets bénéfiques de la zoothérapie sur la santé des enfants. Mireille Oster met en avant les bienfaits physiologiques de la zoothérapie, en soulignant les effets positifs sur la santé et le bien-être des enfants.

Bernard Ravet :

Fondateur de l'association "Handi'chiens", Bernard Ravet a œuvré pour la médiation animale en France, notamment en formant des chiens d'assistance pour les personnes handicapées. Bernard Ravet s'est consacré à la formation de chiens d'assistance, en croyant fermement à leur capacité à améliorer la qualité de vie des personnes handicapées.

Martine Lani-Bayle :

Fondatrice de l'association "Chiens Médiateurs", Martine Lani-Bayle a promu l'utilisation de chiens dans des contextes thérapeutiques et éducatifs en France. Martine Lani-Bayle insiste sur les aspects émotionnels de la médiation animale, en soulignant comment les animaux peuvent aider les individus à exprimer et à gérer leurs émotions.

Yolaine de La Bigne :

Journaliste et écrivaine, Yolaine de La Bigne est une experte en communication avec les animaux et la médiation animale. Yolaine de La Bigne promeut la communication intuitive avec les animaux et la compréhension de leurs besoins émotionnels.

Yves Christen :

Expert en éthologie, Yves Christen a travaillé sur l'observation et la compréhension du comportement animal, ce qui est essentiel pour la médiation animale. Yves Christen encourage la compréhension des comportements animaliers pour une meilleure interaction entre les humains et les animaux.

Arnaud Deroo :

Psychologue et éthologue, Arnaud Deroo s'est engagé dans la recherche sur les interactions entre les humains et les animaux, notamment dans le contexte de la médiation animale en explorant comment ces relations peuvent avoir un impact positif sur la santé mentale et émotionnelle. Il est également expert en CNV (langague girafe) et en Bientraitance.

<u>Experts des Autres Nationalités :</u>

Temple Grandin (Américaine) :

Temple Grandin est une experte en comportement animal et en autisme. Elle a contribué à la compréhension de l'autisme en utilisant ses propres expériences sensorielles pour concevoir des installations d'élevage plus humaines pour le bétail. Temple Grandin a une perspective unique sur le bien-être animal et l'autisme, en soulignant la manière dont ses expériences sensorielles l'ont aidée à concevoir des installations plus humaines pour le bétail.

Randy Barker (Américain) :

Randy Barker est un expert en médiation animale et fondateur de "Therapet", un programme qui utilise des animaux pour apporter du réconfort et du soutien émotionnel aux personnes en difficulté. Randy Barker met en avant les bienfaits de la médiation animale pour le soutien émotionnel des individus en difficulté.

Bente Træen (Norvégienne) :

Psychologue spécialisée dans la relation entre les humains et les animaux, Bente Træen a mené des recherches sur les bienfaits de la médiation animale pour la santé mentale. Bente Træen mène des recherches sur la relation entre les humains et les animaux, en explorant comment cette interaction peut améliorer la santé mentale.

Nancy Parish-Plass (Américaine) :

Nancy Parish-Plass est une psychologue clinicienne spécialisée dans la thérapie assistée par les animaux et la formation d'animaux de thérapie. Nancy Parish-Plass estime que les animaux de thérapie peuvent jouer un rôle important dans l'amélioration de la santé mentale et émotionnelle des individus.

Aubrey Fine (Américain) :

Psychologue et auteur, Aubrey Fine est reconnu pour ses travaux en zoothérapie et en médiation animale. Aubrey Fine a contribué à la compréhension de la zoothérapie et de la médiation animale en tant qu'approches thérapeutiques.

Alan Beck (Américain) :

Éthologue et vétérinaire, Alan Beck a étudié les relations entre les animaux de compagnie et les humains. Alan Beck explore les liens entre les humains et leurs animaux de compagnie, en mettant en avant les aspects positifs de cette relation.

Hal Herzog (Américain) :

Psychologue et chercheur, Hal Herzog s'intéresse à la psychologie de l'interaction homme-animal et aux aspects éthiques de cette relation. Hal Herzog étudie la psychologie de la relation homme-animal et examine les questions éthiques liées à l'interaction avec les animaux.

Ces experts et expertes, français(e)s et internationaux/ales, ont apporté des contributions significatives à leurs domaines respectifs, en enrichissant nos connaissances sur la pédagogie active en petite enfance, la zoothérapie et la médiation animale. Ils ont influencé les pratiques éducatives et thérapeutiques dans le monde entier.

CHAPITRE VII LA PÉDAGOGIE PZC®

La Pédagogie PZC (Pluriactive en Zoothérapie Continue) est une approche éducative novatrice qui se base sur l'apprentissage par l'expérience, en combinant diverses pédagogies actives, tout en intégrant la médiation animale de manière permanente. Cette approche est hautement adaptable et universelle, car elle ne se limite pas à une seule méthode éducative, mais puise dans différentes approches pour créer un environnement d'apprentissage riche et stimulant.

La Pédagogie PZC privilégie des thèmes variés d'activités, tels que les sciences, la nature, les langues, l'art, et le bien-être de soi, pour offrir aux jeunes enfants une expérience d'apprentissage complète. Ce modèle est qualifié de "en zoothérapie continue" parce qu'il exige la présence constante d'au moins un zoothérapeute et d'un animal médiateur dans la structure éducative, couvrant tous les jours d'ouverture, généralement sur une base de 35 heures par semaine.

Les bénéfices de la cohabitation permanente des jeunes enfants avec des animaux sont indéniables. Cela inclut le développement de compétences sociales, émotionnelles et cognitives, une meilleure compréhension de la nature et du respect envers les animaux, ainsi que la création d'un environnement apaisant et sécurisant. La bienveillance, la bientraitance, et la communication non violente sont au cœur de l'application de cette pédagogie.

L'évolution des pratiques mises en place dans le modèle PZC s'appuie sur les découvertes en psychologie et en neurobiologie, visant à répondre au maximum aux besoins essentiels des enfants et à favoriser leur développement sain et complet. Les crèches PZC sont des établissements d'accueil pour les jeunes enfants qui fonctionnent tous selon le modèle Pédagogie PZC. Ils s'engagent également à utiliser une communication inclusive et à fournir un environnement sécuritaire pour les employés, en offrant un espace de refuge en cas de besoin.

De plus, les crèches PZC privilégient l'emploi de psychomotriciens et psychomotriciennes dans leur personnel, au lieu de se limiter aux normes légales minimales. Le système de restauration est axé sur des aliments biologiques issus d'exploitations locales, et la préférence est donnée aux fournisseurs d'énergie verte et locale.

La Pédagogie PZC a été développée par Thiéfaine Lebeau, consultant français en pédagogie spécialisé en petite enfance, médiation animale, pédagogie et éducation actives et bien-êtres. Cette approche innovante vise à fournir aux jeunes enfants un environnement d'apprentissage holistique qui prend en compte leurs besoins fondamentaux, favorisant ainsi leur développement optimal sur tous les plans.

En résumé, la Pédagogie PZC est une approche éducative pluridisciplinaire qui intègre la médiation animale de manière continue, créant ainsi un environnement d'apprentissage complet et adaptatif pour les jeunes enfants. Elle favorise le développement global des enfants tout en encourageant la bienveillance, la communication positive, et le respect de la nature et des animaux.

CONCLUSION

La pédagogie est un domaine essentiel de l'éducation, et au fil des années, de nombreuses approches ont été développées pour répondre aux besoins spécifiques des jeunes enfants. Parmi ces approches, la pédagogie de la petite enfance et les pédagogies actives occupent une place particulière. De plus, la zoothérapie et la médiation animale ont émergé comme des pratiques complémentaires, offrant des bénéfices significatifs dans le développement des enfants.

La pédagogie de la petite enfance met l'accent sur les besoins uniques des tout-petits, en favorisant un environnement d'apprentissage adapté à leur stade de développement. Elle repose sur des principes tels que la bienveillance, la stimulation sensorielle, et le respect du rythme de chaque enfant. En combinant ces approches avec la médiation animale, où les animaux jouent un rôle actif dans l'apprentissage et le bien-être des enfants, de nouvelles possibilités d'exploration et d'épanouissement se créent.

Les pédagogies actives, telles que Montessori, Reggio Emilia, ou la pédagogie PZC (Pluriactive en Zoothérapie Continue), mettent l'accent sur l'apprentissage par l'expérience, l'autonomie, et la créativité. Elles reconnaissent l'importance de l'interaction sociale, de la curiosité naturelle, et de l'exploration individuelle pour le développement cognitif et émotionnel des enfants.

En intégrant la médiation animale, ces approches éducatives offrent une dimension unique à l'apprentissage, en favorisant la communication non verbale, la compassion envers les animaux, et en offrant un soutien émotionnel. Les animaux médiateurs, tels que les chiens ou les chevaux, créent un lien affectif puissant avec les enfants, renforçant ainsi leur confiance en eux-mêmes et en leur environnement.

Les bénéfices de la cohabitation permanente des jeunes enfants avec des animaux sont multiples. Cela inclut le développement des compétences sociales, émotionnelles, et cognitives, ainsi qu'une meilleure compréhension de la nature et du respect envers les animaux. Les animaux médiateurs contribuent à créer un environnement apaisant, sécurisant, et stimulant pour les enfants, favorisant ainsi leur bien-être global.

Les récentes avancées dans le domaine des neurosciences ont également mis en lumière l'importance de la cohabitation permanente avec des animaux dans le développement cérébral des jeunes enfants. Les interactions avec les animaux ont été associées à une amélioration de la régulation émotionnelle, de la cognition, et du développement du langage. Ces découvertes scientifiques renforcent l'argument en faveur de l'intégration de la médiation animale dans les pratiques éducatives.

En conclusion, les pédagogies actives en petite enfance, combinées à la médiation animale, représentent une approche éducative holistique et novatrice. Elles répondent aux besoins essentiels des jeunes enfants, favorisent leur développement global, et créent un environnement d'apprentissage riche et stimulant. Les interactions avec les animaux médiateurs offrent des bénéfices considérables sur le plan émotionnel, cognitif, et social, contribuant ainsi à l'épanouissement des enfants. Les avancées en neurosciences viennent étayer la pertinence de cette approche, ouvrant de nouvelles perspectives passionnantes pour l'éducation et le bien-être des tout-petits.

SITE INTERNET DU SYSTÈME PZC®

À PROPOS

Les illustrations de couvertures sont générées par IA, ce qui évite de : diffuser les visages d'enfants réels, et donc, les problèmes que cela pourrait leur causer.